ÉLOGE FUNÈBRE

DE M. VARLET

(Charles-Louis),

ANCIEN CHIRURGIEN MILITAIRE,
MÉDECIN AUXILIAIRE A L'HOTEL IMPÉRIAL DES INVALIDES,
MÉDAILLÉ DE SAINTE-HÉLÈNE, ETC ;

Prononcé sur sa tombe, le 19 août 1862,

PAR LE DOCTEUR E. OSSIAN-HENRY,

Médecin auxiliaire à l'Hôtel des Invalides.

PARIS,

IMPRIMERIE DIVRY ET Cie,

RUE NOTRE-DAME DES CHAMPS, 49.

1862

ÉLOGE FUNÈBRE

DE

CHARLES-LOUIS VARLET

Messieurs,

Avant que la terre ait recouvert la dépouille mortelle de l'excellent collègue que nous conduisons aujourd'hui à sa dernière demeure, et qu'une mort aussi prompte qu'inattendue vient de nous ravir, avant de dire un éternel adieu à cet homme de bien que nous entourions tous à l'envi de notre affection et de nos respects, permettez-moi de vous rappeler, en quelques mots, quelle fut sa vie, vie entièrement consacrée aux devoirs de la profession et au soulagement de ses semblables.

Fils d'un architecte distingué de Lunéville, Charles-Louis Varlet naquit dans cette ville le 16 mars 1790. Dernier rejeton et seul survivant d'une nombreuse famille, il montra dès la plus tendre enfance un esprit sagace et une intelligence précoce ; placé très-jeune au collége, il ne tarda pas à s'y faire remarquer par son aptitude, et, après y avoir fait de solides études humanitaires, il en sortit un des élèves les plus distingués. Ses goûts naturels le poussaient plus vers les sciences que vers les arts ; aussi, peu soucieux de suivre la carrière de son père, préféra-t-il se livrer aux études médicales.

On était alors à la fin de 1811, à cette époque si glorieuse pour la France, où l'empereur Napoléon Ier, entouré de tout son prestige, rêvait, nouveau Charlemagne, de réunir sous son sceptre les deux empires d'Orient et d'Occident ! Une armée formidable s'organisait, armée qui, sous les ordres du plus grand capitaine des temps modernes, devait, hélas ! s'engloutir dans les neiges de la Russie ! Tous ceux qui, en état de porter les armes, tombaient au sort, étaient immédiatement incorporés dans les régiments. Varlet, que la conscription venait d'appeler sous les drapeaux, obtint de partir comme médecin militaire, et c'est en qualité de chirurgien de 3e classe qu'il fût attaché aux ambulances de l'état-major de la vieille garde, sous les ordres de l'illustre baron Larrey, alors chirurgien en chef de la grande armée.

Après la déroute de Moscou, Varlet fut fait prisonnier, et, avec tant d'autres braves, dirigé vers les mines de la Sibérie ; heureusement pour notre collègue, et alors qu'il commençait à peine ce pénible voyage, un échange de prisonniers eut lieu, et notre jeune chirurgien put encore fouler le sol de la patrie, où il rentra dans les premiers jours de l'année 1813.

A peine de retour, il fut nommé, le 12 février, sous-aide aux hôpitaux de la 5ᵉ division militaire, et deux mois s'étaient à peine écoulés, qu'il recevait une commission de chirurgien de 2ᵉ classe, et était, en cette qualité, attaché de nouveau aux ambulances de l'état-major de la vieille garde. C'est alors qu'il se lia d'une étroite amitié avec deux hommes dônt les noms, chers à la médecine française, ont honoré tout à la fois la chirurgie militaire et le professorat, Bégin, mort il y a peu d'années encore, que ses hautes capacités jointes à de nombreux services avaient successivement élevé aux grades de président du Conseil de santé des armées, de commandeur de la Légion d'honneur, et que l'Académie de médecine était fière de compter dans son sein ; puis, le vénérable M. Erhmann, professeur et doyen actuel de la Faculté de médecine de Strasbourg.

M. Varlet fit donc, comme chirurgien de 2ᵉ classe, la campagne de Saxe ; mais, de nouveau trahi par le sort, il fut une seconde fois fait prisonnier après la bataille de Dresde, et resta en captivité jusqu'en 1814. C'est pendant cette période de temps qu'il fut chargé des fonctions de chirurgien-major dans les hôpitaux de Leippy, Dresden, Wassenfeld, Mersbourg, Obercassel et Siebourg.

La première Restauration lui permit de rentrer en France, et, licencié de son grade, il profita de son séjour dans ses foyers pour se faire recevoir bachelier ès-lettres devant l'Académie de Nancy.

Cependant sa carrière militaire n'était point encore terminée. En 1815, et alors que, dans tous les départements voisins de nos frontières, s'organisaient des corps francs pour repousser les armées coalisées, le brave colonel Brice se mit à la tête des volontaires de la Meurthe. Varlet, le cœur rempli des plus purs sentiments patriotiques, ne tarda pas à le rejoindre ; nommé chirurgien-major du bataillon de la Meurthe, il fit à ses frais cette dernière campagne, assista aux combats de Sarreck et de Saint-Georges, et fut, à cette dernière affaire, blessé d'un coup de sabre à la main droite.

Peu de temps après, la paix générale était signée en Europe ; l'épopée impériale avait fini sa glorieuse carrière dans les champs de Waterloo ! M. Varlet rentra dans la vie civile et y resta jusqu'à ses derniers jours. Mais son esprit vif, son activité infatigable devaient encore lui fournir une existence des plus remplies. A peine de retour dans sa ville natale, il se fait recevoir officier de santé par le jury médical du département du Bas-Rhin, et, comme tel, on le charge du service chirurgical de la prison civile et militaire de Lunéville. Trois années plus tard, et après avoir remporté le prix de chirurgie à l'École de médecine de Strasbourg, il est nommé aide de clinique à la même Faculté, fonction qu'il conserve jusqu'en 1824.

Pendant ces cinq années, il fut autorisé par le doyen à faire des leçons cliniques sur l'application des bandages et appareils chirurgicaux, puis sur les maladies syphilitiques, et enfin en 1823 et 1824, on lui confia la suppléance du professeur Flamant dans le service des cliniques externe et d'accouchement.

En 1824, M. Varlet avait échangé son titre d'officier de santé contre celui de docteur en médecine, et le 22 juin, il passait une thèse remarquable sur l'hystérie. A la fin de cette même année, une place de médecin des usines d'Abrecheviller (Meurthe), dirigées par M. Chevandier, devint vacante et fut mise au concours. M. Varlet l'emporta sur ses compétiteurs, et quitta définitivement la voie de l'enseignement pour se livrer tout entier à la pratique médicale.

Il avait, à la même époque, épousé Mlle Bedel, fille d'un professeur de mathématiques à la Faculté des sciences de Strasbourg ; malheureusement la santé de sa jeune femme s'altéra promptement, et, au bout de quelques années de mariage, elle succomba à une phthisie pulmonaire.

M. Varlet vint alors s'établir, en 1829, à Saint-Dié, dans les Vosges, où il épousa en secondes noces la fille du docteur Gérard, habile praticien de cette localité. Pendant son séjour à Saint-Dié, il fut nommé médecin des prisons, de l'hospice, et chargé des vaccinations du canton. Enfin, après avoir exercé successivement à Haguenau, à Rhinau, dans le Bas-Rhin, puis à Corrieux (Vosges), où il séjourna comme médecin cantonal jusqu'en 1854, M. Varlet se décida à s'établir à Paris.

L'amour de la famille l'appelait dans cette nouvelle résidence ; ses enfants y étaient établis. Son fils, pour lequel il avait toujours témoigné la plus vive tendresse, venait de quitter l'état militaire, et le plus doux espoir de cet excellent père était de terminer sa vie au milieu de ceux qu'il aimait tant ! Enfin, le 16 mars 1855, il entrait aux Invalides comme médecin requis, et par suite du départ des médecins aides-majors de l'hôtel, que la guerre de Crimée avait appelés sous les murs de Sébastopol.

C'est à cette époque de sa vie que j'ai eu le bonheur de le connaître, et que j'ai pu apprécier à la fois la bonté de son cœur et la noblesse de ses sentiments. Ai-je besoin, Messieurs, de vous rappeler ses éminentes qualités ? Vous tous, qui m'entendez, comme moi vous l'avez connu, comme moi vous avez jugé l'homme par ses actions. Vous vous rappelez encore avec quelle ardeur il remplissait tous les devoirs qui lui étaient confiés, avec quelle urbanité il savait consoler ceux qui, souffrant, venaient réclamer ses sages conseils ou ses soins touchants.

Nous l'avons tous vu dans les derniers mois de 1855, et alors que le choléra sévissait à l'hôtel, toujours le premier à son poste, mais toujours aussi le dernier à le quitter. De beaucoup notre aîné, il savait, par une cordiale aménité, se rapprocher de ses collègues, tous beaucoup plus jeunes que lui, heureux de leur rendre service, comme à tous ceux qui s'adressaient à lui.

Malgré sa vie si active et si accidentée, notre collègue ne s'en était pas moins livré à de nombreuses recherches scientifiques, aussi publia-t-il un nombre considérable d'observations intéressantes à plus d'un titre. On lui doit, outre sa thèse inaugurale, deux mémoires sur la gangrène, un essai médico-philosophique sur la douleur, des études sur la nostalgie, plusieurs mémoires relatifs à l'art des accouchements, des recherches anatomiques sur les fistules vésico-vaginales, enfin des études hygiéniques sur les prisons et les maisons de détention.

Ces productions, et un grand nombre d'autres, qu'il serait trop long d'énumérer ici, avaient ouvert à M. Varlet les portes de plusieurs Sociétés savantes : aussi la Société médico-pratique de Paris, les Sociétés médicales et scientifiques de Dijon, Bordeaux, Strasbourg, de l'Aube, de la Meurthe, des Vosges, étaient-elles heureuses de le compter au nombre de leurs membres titulaires ou de leurs correspondants.

Depuis son entrée aux Invalides, l'activité et le zèle de M. Varlet ne se démentirent pas un instant ; cette vivacité qui aurait pu passer pour proverbiale chez un homme de son âge, faisait augurer encore pour lui de longues et douces années. Il avait bien, en 1858, été frappé d'une fluxion de poitrine très-grave, mais la guérison avait été complète, et tout en lui annonçait depuis longtemps un retour à la santé, lorsque le 11 août dernier se déclarèrent chez lui des symptômes d'embarras gastrique compliqués d'une pneumonie gauche des plus aiguës. La maladie prit une intensité telle, qu'elle nous alarma tous dès le début. Hélas ! nos craintes ne devaient pas être chimériques, car, malgré les soins touchants de celle qui avait été sa compagne si dévouée, malgré les soins empressés que lui témoigna notre excellent chef, M. le docteur Faure, pour lequel il professait de longue date une sincère amitié, malgré les conseils pleins de prudence de nos savants maîtres réunis autour de cette tombe, rien ne put le sauver.

Après avoir reçu les secours de la religion, notre vieil ami se disposa à mourir en chrétien, je puis dire en brave. Le 16 août au soir, il sentit la mort s'approcher, et sans amertume, avec la pensée d'avoir accompli noblement son voyage ici-bas, comme celui qui n'a jamais failli à la voix de sa conscience, il nous fit ses derniers adieux.

Ainsi s'éteignit, dans sa soixante-treizième année, cet homme de bien, qui laissera à jamais gravé dans nos cœurs le souvenir d'un bon et loyal confrère et d'un sincère ami. Quelques instants avant la séparation suprême, et quand déjà la pâleur de la mort répandue sur son visage indiquait sa fin prochaine, il m'avait encore serré la main, songeant sans doute à ce fils bien-aimé, que jour pour jour, à une année de distance, il avait vu s'embarquer pour une terre lointaine, et qui n'était pas là pour lui fermer les yeux (1) !

(1) M. Henri Varlet, attaché aux travaux du percement de l'isthme de Suez, avait quitté la France le 16 août 1861.

Paris. — Imprimerie Divry et Cⁱᵉ, rue Notre-Dame des Champs, 49.